l'école - училище	2
le voyage - пътуване	5
le transport - транспорт	8
la ville - град	10
le paysage - пейзаж	14
le restaurant - ресторант	17
le supermarché - супермаркет	20
les boissons - напитки	22
les aliments - ядене	23
la ferme - селски двор	27
la maison - къща	31
la salle de séjour - всекидневна	33
la cuisine - кухня	35
la salle de bains - баня	38
la chambre d'enfant - детска стая	42
les vêtements - облекло	44
le bureau - офис	49
l'économie - икономика	51
les professions - професии	53
les outils - инструменти	56
les instruments de musique - музикални инструменти	57
le zoo - зоологическа градина	59
les sports - спорт	62
les activités - дейности	63
la famille - семейство	67
le corps - тяло	68
l'hôpital - болница	72
l'urgence - спешен случай	76
la Terre - Земя	77
l'heure - часовник	79
la semaine - седмица	80
l'année - година	81
les formes - форми	83
les couleurs - цветове	84
les opposés - противоположности	85
les nombres - числа	88
les langues - езици	90
qui / quoi / comment - кой / какво / как	91
où - къде	92

Impressum
Verlag: BABADADA GmbH, Nedderfeld 112 , 22529 Hamburg
Geschäftsführer / Verlagsleitung: Harald Hof
Druck: Books on Demand GmbH, In de Tarpen 42, 22848 Norderstedt

Imprint
Publisher: BABADADA GmbH, Nedderfeld 112 , 22529 Hamburg, Germany
Managing Director / Publishing direction: Harald Hof
Print: Books on Demand GmbH, In de Tarpen 42, 22848 Norderstedt

l'école
училище

la salle de classe
класна стая

diviser
деление

le tableau
черна дъска

la cour d'école
училищен двор

l'enseignant
учител

le papier
хартия

écrire
пиша

le stylo
химикал

le bureau de travail
бюро

la règle
линеал

le livre
книга

l'écolier
ученик

le sac d'écolier

ученическа раница

la trousse

ученически несесер

le crayon

молив

le taille-crayon

острилка за моливи

la gomme à effacer

гума

le bloc de papier à dessin

блок за рисуване

le dessin
рисунка

le pinceau
четка

la boîte de peintures
акварелни бои

les ciseaux
ножица

la colle
лепило

le cahier d'exercices
тетрадка за упражнения

les devoirs
домашна работа

le chiffre
число

2+2
additionner
събиране

soustraire
изваждане

multiplier
умножение

calculer
смятане

la lettre
буква

l'alphabet
азбука

le mot
дума

l'école - училище

le texte

текст

lire

чета

la craie

тебешир

la leçon

час

le cahier de notes

дневник на класа

l'examen

изпит

le certificat

свидетелство

l'uniforme scolaire

ученическа униформа

l'éducation

образование

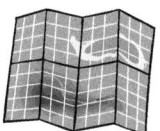

l'encyclopédie

справочник

l'université

университет

le microscope

микроскоп

la carte

карта

la corbeille à papier

кошче за хартиени отпадъци

l'école - училище

le voyage
пътуване

l'hôtel
хотел

l'auberge
хостел

le bureau de change
обменно бюро

la valise
куфар

la voiture
кола

la langue

език

oui / non

да / не

Okay

Окей

Allo!

здравей

le traducteur

преводач

Merci

Благодаря

le voyage - пътуване

Combien coûte...?
Колко струва…?

Je ne comprends pas
Не разбирам

le problème
проблем

Bonsoir !
Добър вечер!

Bonjour !
Добро утро!

Bonne nuit !
Лека нощ!

bye bye
довиждане

la direction
посока

les bagages
багаж

le sac
пътна чанта

le sac à dos
раница

l'invité
посетител

la pièce
стая

le sac de couchage
спален чувал

la tente
палатка

le voyage - пътуване

le bureau d'information
touristique

туристическа информация

la plage

плаж

la carte de crédit

кредитна карта

le déjeuner

закуска

le dîner

обед

le souper

вечеря

le billet

билет

l'ascenseur

асансьор

le timbre

пощенска марка

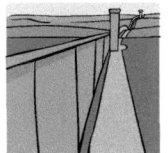

la frontière

граница

la douane

митница

l'ambassade

посолство

le visa

виза

le passeport

паспорт

le voyage - пътуване

le transport
транспорт

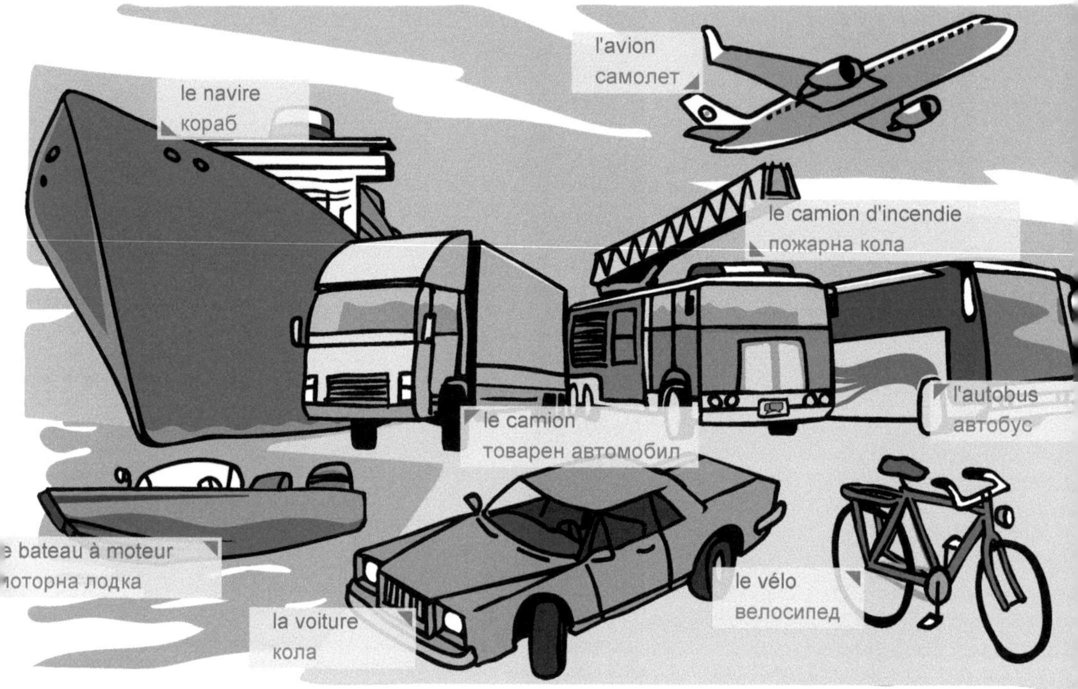

l'avion
самолет

le navire
кораб

le camion d'incendie
пожарна кола

le camion
товарен автомобил

l'autobus
автобус

le bateau à moteur
моторна лодка

la voiture
кола

le vélo
велосипед

le traversier

ферибот

le bateau

лодка

la motocyclette

мотоциклет

la voiture de police

полицейска кола

la voiture de course

състезателна кола

la voiture de location

кола под наем

l'autopartage

каршеринг

la dépanneuse

автомобил от "Пътна помощ"

le camion à ordures

сметовоз

le moteur

двигател

le carburant

бензин

la station-service

бензиностанция

le panneau de signalisation

пътен знак

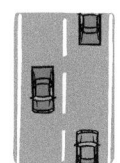

la circulation

улично движение

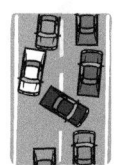

l'embouteillage

задръстване

le parc de stationnement

паркинг

la gare

гара

les voies ferrées

релси

le train

влак

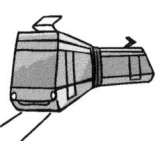

le tramway

трамвай

le wagon

вагон

le transport - транспорт

l'hélicoptère
хеликоптер

l'aéroport
аерогара

la tour
кула

le passager
пасажер

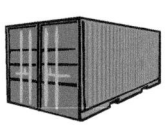
le conteneur
контейнер

la boîte en carton
кашон

le chariot
ръчна количка

le panier
кошница

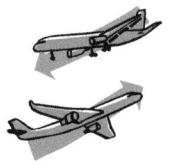
décoller / atterrir
излитам / приземявам се

la ville
град

le village
село

le centre-ville
градски център

la maison
къща

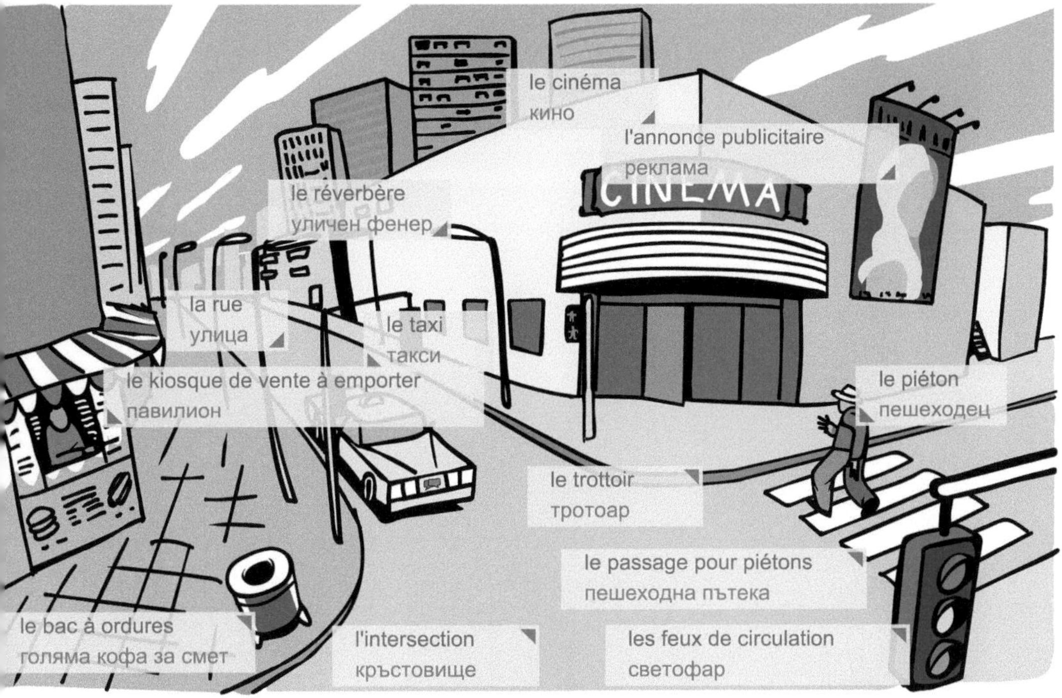

le cinéma
кино

l'annonce publicitaire
реклама

le réverbère
уличен фенер

la rue
улица

le taxi
такси

le kiosque de vente à emporter
павилион

le piéton
пешеходец

le trottoir
тротоар

le passage pour piétons
пешеходна пътека

le bac à ordures
голяма кофа за смет

l'intersection
кръстовище

les feux de circulation
светофар

la cabane
хижа

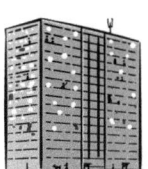

l'appartement
жилище

la gare
гара

l'hôtel de ville
кметство

le musée
музей

l'école
училище

la ville - град

l'université
университет

la banque
банка

l'hôpital
болница

l'hôtel
хотел

la pharmacie
аптека

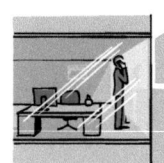

le bureau
офис

la librairie
книжарница

le magasin
магазин за цветя

le fleuriste
магазин за цветя

le supermarché
супермаркет

le marché
пазар

le grand magasin
универсален магазин

la poissonnerie
търговец на риба

le centre commercial
търговски център

le port
пристанище

le parc
парк

le banc
пейка

le pont
мост

les escaliers
стълба

le métro
метро

le tunnel
тунел

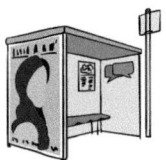

l'arrêt d'autobus
автобусна спирка

le bar
бар

le restaurant
ресторант

la boîte à lettres
пощенска кутия

la plaque de rue
улична табелка

le parcomètre
часовник за паркинг престой

le zoo
зоологическа градина

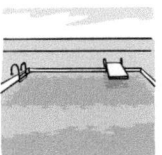

les bains publics
плувен басейн

la mosquée
джамия

la ville - град

la ferme
селски двор

la pollution
замърсяване на околната среда

le cimetière
гробище

l'église
църква

l'aire de jeux
детска площадка

le temple
храм

le paysage
пейзаж

- la feuille — листо
- le panneau indicateur — пътепоказател
- le chemin — път
- le pré — ливада
- le randonneur — пътешественик
- la pierre — камък
- l'arbre — дърво
- la rivière — река
- l'herbe — трева
- la fleur — цвете

la vallée
долина

la colline
планина

le lac
море

la forêt
гора

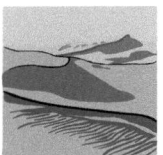
le désert
пустиня

le volcan
вулкан

le château
замък

l'arc-en-ciel
дъга

le champignon
гъба

le palmier
палма

le moustique
комар

la mouche
муха

la fourmi
мравка

l'abeille
пчела

l'araignée
паяк

le paysage - пейзаж

le scarabée
бръмбар

la grenouille
жаба

l'écureuil
катеричка

le hérisson
таралеж

le lièvre
заек

la chouette
кукумявка

l'oiseau
птица

le cygne
лебед

le sanglier
диво прасе

le cerf
елен

l'orignal
лос

le barrage
бент

l'éolienne
вятърна турбина

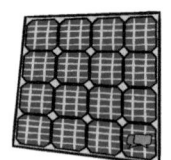

le panneau solaire
соларен модул

le climat
климат

le paysage - пейзаж

le restaurant
ресторант

- le serveur — келнер
- le menu — меню
- la chaise — стол
- la soupe — супа
- la coutellerie — прибори за хранене
- la pizza — пица
- la nappe — покривка за маса

les hors-d'œuvre
предястие

le plat principal
основно ястие

le dessert
десерт

les boissons
напитки

les aliments
ядене

la bouteille
бутилка

le restaurant - ресторант

la restauration rapide
бързо хранене

la cuisine de rue
улична храна

la théière
кана за чай

le sucrier
кутия за захар

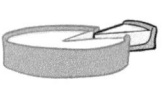
la part
порция

la machine à expresso
еспресо машина

la chaise haute d'enfant
висок детски стол

la facture
сметка

le plateau
табла

le couteau
ножица за нокти

la fourchette
вилица

la cuillère
лъжица

la cuillère à thé
чаена лъжичка

la serviette
салфетка

le verre
стъклена чаша

le restaurant - ресторант

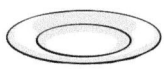
l'assiette
чиния

l'assiette creuse
чиния за супа

la soucoupe
чинийка

la sauce
сос

la salière
солница

le moulin à poivre
мелничка за черен пипер

le vinaigre
оцет

l'huile
олио

les épices
подправки

le ketchup
кетчуп

la moutarde
горчица

la mayonnaise
майонеза

le restaurant - ресторант

le supermarché

супермаркет

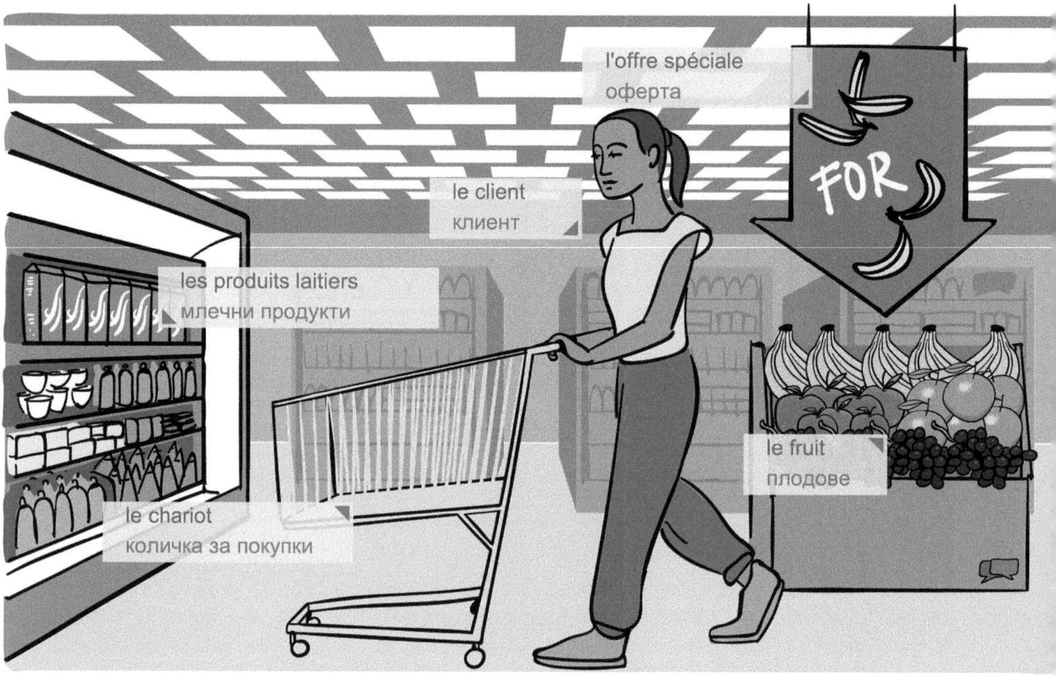

l'offre spéciale
оферта
FOR
le client
клиент
les produits laitiers
млечни продукти
le fruit
плодове
le chariot
количка за покупки

BUTCHERS

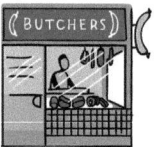

la boucherie

кланица

BAKERY

la boulangerie

хлебарница

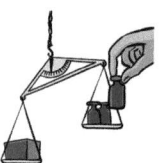

peser

тегля

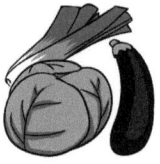

les légumes

зеленчуци

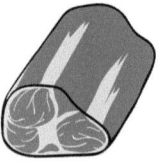

la viande

месо

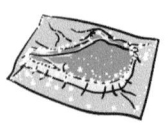

les aliments congelés

дълбоко замразена храна

les viandes froides

нарязан колбас или сирене

les conserves

консерви

le détergent à lessive en poudre

перилен препарат

les sucreries

лакомства

les produits d'entretien ménager

домакински изделия

les produits d'entretien

почистващи препарати

la vendeuse

продавачка

la caisse

каса

le caissier

касиер

la liste de provisions

списък на покупките

les heures d'ouverture

работно време

le portefeuille

портфейл

la carte de crédit

кредитна карта

le sac

чанта

le sac plastique

пластмасова торба

le supermarché - супермаркет

les boissons

напитки

l'eau
вода

le jus
сок

le lait
мляко

le cola
кола

le vin
вино

la bière
бира

l'alcool
алкохол

le cacao
какао

le thé
чай

le café
кафе машина

l'expresso
еспресо

le cappuccino
капучино

les aliments
ядене

la banane
банан

la pomme
ябълка

l'orange
портокал

le melon d'eau
пъпеш

le citron.
лимон

la carotte
морков

l'ail
чесън

le bambou
бамбук

l'oignon
лук

le champignon
гъба

les noix
ядки

les nouilles
макарони

les spaghettis — спагети

le riz — ориз

la salade — салата

les frites — пържени картофи

les pommes de terre sautées — печени картофи

la pizza — пица

le hamburger — хамбургер

le sandwich — сандвич

l'escalope — шницел

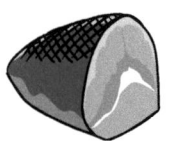

le jambon — шунка

le salami — траен колбас

la saucisse — салам

le poulet — пиле

le rôti — печено

le poisson — риба

les aliments - ядене

le gruau d'avoine

овесени ядки

le muesli

мюсли

les flocons de maïs

корнфлейкс

la farine

брашно

le croissant

кроасан

le petit pain

хлебчета

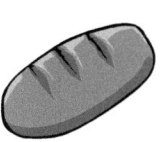

le pain

хляб

la rôtie

препечена филийка

les biscuits

бисквити

le beurre

масло

le caillé

извара

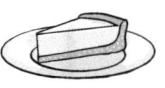

le gâteau

сладкиш

l'œuf

яйце

l'œuf miroir

яйца на очи

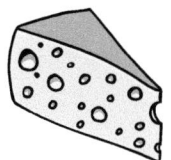

le fromage

сирене

les aliments - ядене

la crème glacée	le sucre	le miel
сладолед	захар	мед

la confiture	la crème de nougat	le cari
мармалад	нуга крем	къри

les aliments - ядене

la ferme
селски двор

- la ferme — селска къща
- la grange — плевня
- le ballot de paille — бала сено
- le champ — поле
- le cheval — кон
- la remorque — ремарке
- le poulain — конче
- le tracteur — трактор
- l'âne — магаре
- l'agneau — агне
- le mouton — овца

la chèvre
коза

la vache
крава

le veau
теле

le porc
свиня

le porcelet
прасенце

le taureau
бик

l'oie

гъска

le canard

патица

le poussin

пиленце

la poule

кокошка

le coq

петел

le rat

плъх

le chat

котка

la souris

мишка

le bœuf

вол

le chien

куче

la niche

кучешка колиба

le tuyau d'arrosage

градински маркуч

l'arrosoir

лейка

la faux

коса

la charrue

плуг

la ferme - селски двор

la faucille
сърп

la binette
мотика

la fourche à foin
вила за тор

la hache
брадва

la brouette
ръчна количка

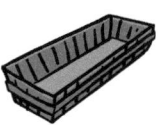

l'auge
корито

le pot à lait
съд за мляко

le grand sac
чувал

la clôture
ограда

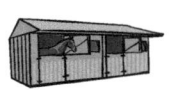

l'écurie
обор

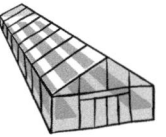

la serre
парник

le sol
земя

les graines
сеитба

l'engrais
тор

la moissonneuse-batteuse
комбайн

la ferme - селски двор

récolter
жъна

la récolte
реколта

l'igname
ямс

le blé
жито

le soja
соя

la pomme de terre
картоф

le maïs
царевица

la graine de colza
рапица

l'arbre fruitier
овощно дърво

le manioc
маниока

les grains
зърнени храни

la ferme - селски двор

la maison
къща

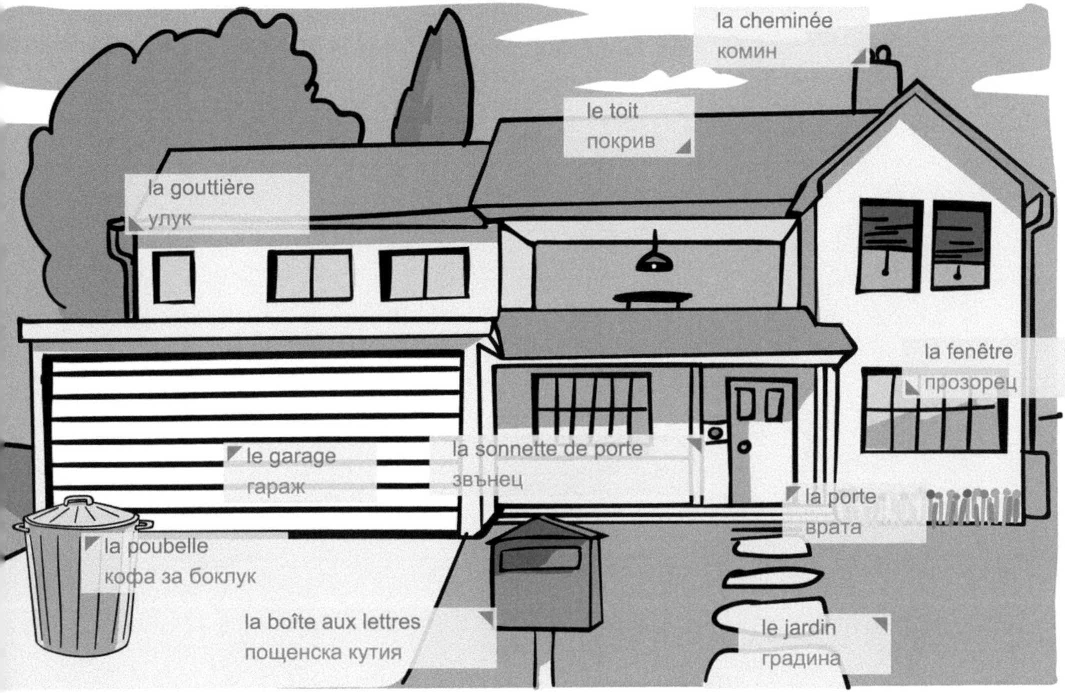

- la cheminée — комин
- le toit — покрив
- la gouttière — улук
- la fenêtre — прозорец
- le garage — гараж
- la sonnette de porte — звънец
- la porte — врата
- la poubelle — кофа за боклук
- la boîte aux lettres — пощенска кутия
- le jardin — градина

la salle de séjour

всекидневна

la salle de bains

баня

la cuisine

кухня

la chambre à coucher

спалня

la chambre d'enfant

детска стая

la salle à manger

трапезария

la maison - къща

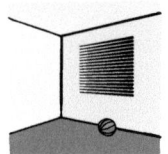

le plancher
под

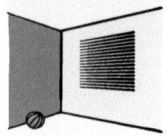

le mur
стена

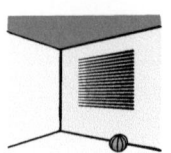

le plafond
таван

le cellier
изба

le sauna
сауна

le balcon
балкон

la terrasse
тераса

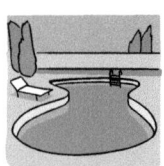

la piscine
плувен басейн

la tondeuse à gazon
косачка

le drap
спално бельо

le jeté de lit
покривка за легло

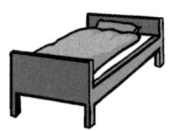

le lit
легло

le balai
метла

le seau
кофа

l'interrupteur
електрически ключ

la maison - къща

la salle de séjour
всекидневна

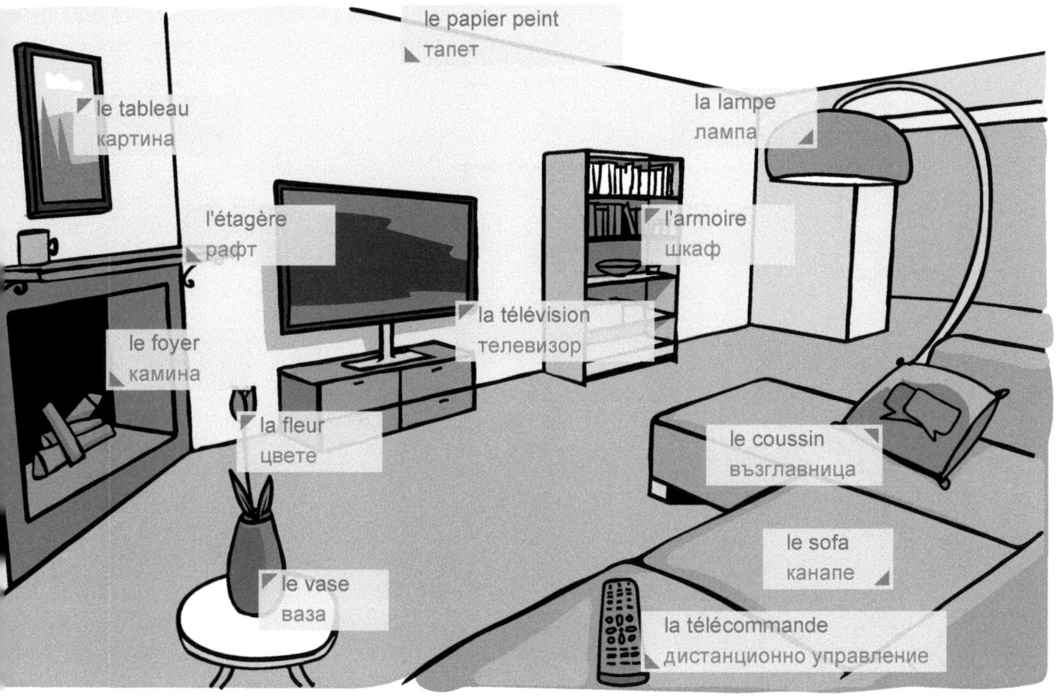

le papier peint
тапет

le tableau
картина

la lampe
лампа

l'étagère
рафт

l'armoire
шкаф

le foyer
камина

la télévision
телевизор

la fleur
цвете

le coussin
възглавница

le vase
ваза

le sofa
канапе

la télécommande
дистанционно управление

le tapis
килим

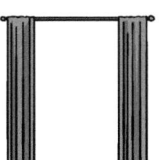

le rideau
завеса

la table
маса

la chaise
стол

la berceuse
люлеещ се стол

le fauteuil
кресло

le livre
книга

la couverte
одеяло

la décoration
декорация

le bois de chauffage
дърва за отопление

le film
филм

la chaîne hi-fi
стерео уредба

la clé
ключ

le journal
вестник

la peinture
живопис

l'affiche
постер

la radio
радио

le bloc-notes
бележник

l'aspirateur
прахосмукачка

le cactus
кактус

la chandelle
свещ

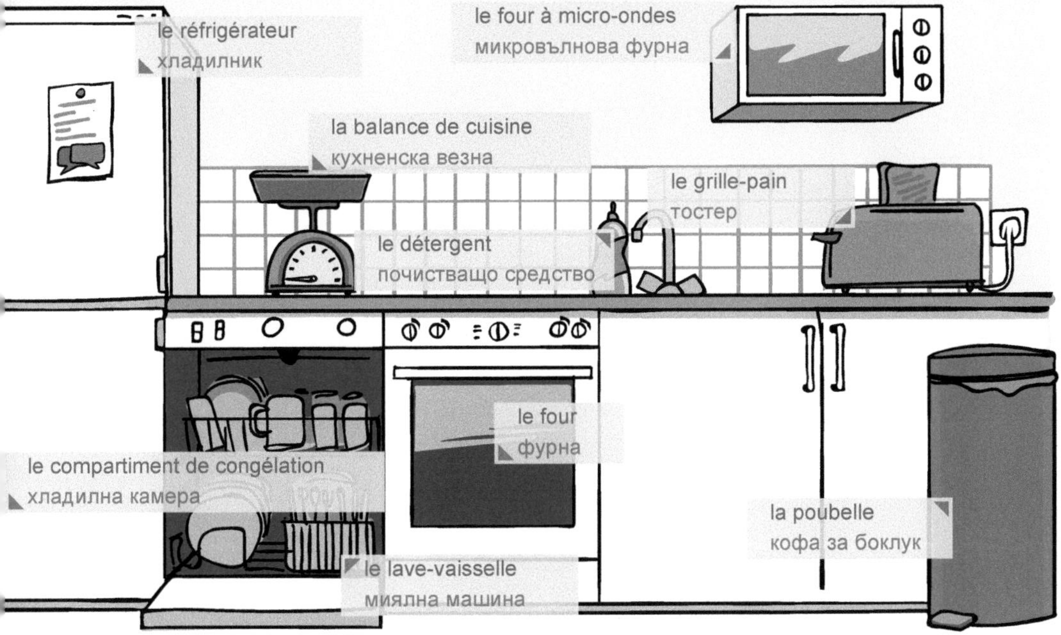

la cuisine
кухня

- le réfrigérateur — хладилник
- le four à micro-ondes — микровълнова фурна
- la balance de cuisine — кухненска везна
- le grille-pain — тостер
- le détergent — почистващо средство
- le compartiment de congélation — хладилна камера
- le four — фурна
- la poubelle — кофа за боклук
- le lave-vaisselle — миялна машина

la cuisinière

готварска печка

la marmite

тенджера

la cocotte en fonte

желязна тенджера

le wok/kadai

уок / кадаи

la poêle

тиган

la bouilloire

кана за затопляне на вода

le cuiseur à vapeur

уред за готвене на пара

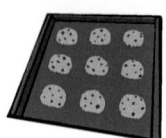

la plaque à patisserie

тава за печене

la vaisselle

съдове

la grande tasse

чаша

le bol

купа

les baguettes

клечки за хранене

la louche

черпак

la spatule

лопатка за тиган

le fouet

тел за разбиване (на яйца, белтъци)

la passoire

кошница за варене

le tamis

гевгир

la râpe

ренде

le mortier

хаван

le barbecue

барбекю

le foyer

огнище

la cuisine - кухня

la planche à découper

дъска

le rouleau à pâtisserie

точилка

le tire-bouchon

тирбушон

la boîte à conserves

кутия

l'ouvre-boîte

отварачка за консерви

la mitaine de four

кухненска ръкохватка

l'évier

мивка

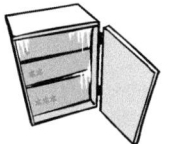

la brosse

четка

l'éponge

гъба

le mélangeur

миксер

le congélateur

фризер

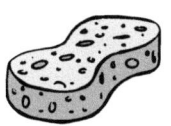

le biberon

бебешко шише

le robinet

воден кран

la cuisine - кухня

37

la salle de bains
баня

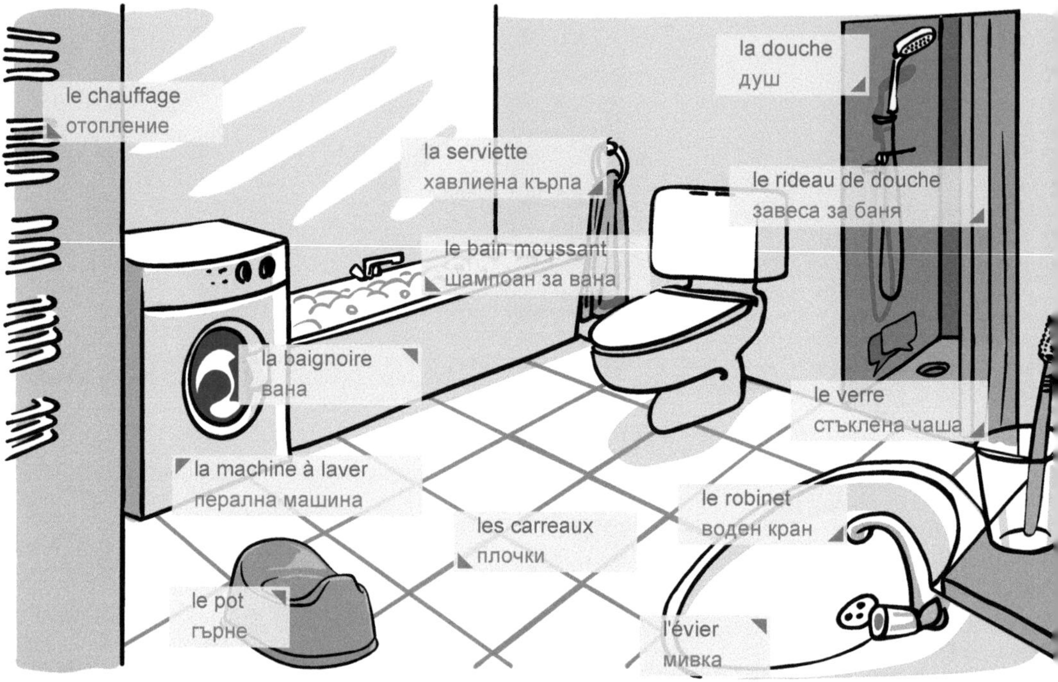

- le chauffage — отопление
- la douche — душ
- la serviette — хавлиена кърпа
- le rideau de douche — завеса за баня
- le bain moussant — шампоан за вана
- la baignoire — вана
- le verre — стъклена чаша
- la machine à laver — перална машина
- les carreaux — плочки
- le robinet — воден кран
- le pot — гърне
- l'évier — мивка

la toilette

тоалетна

la toilette turque

клекало

le bidet

биде

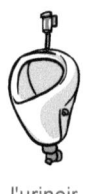

l'urinoir

писоар

le papier hygiénique

тоалетна хартия

la brosse à toilette

четка за тоалетна

la brosse à dents

четка за зъби

le dentifrice

паста за зъби

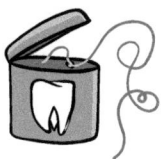

la soie dentaire

конец за зъби

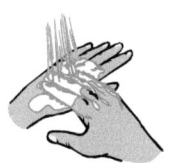

laver

мия

la douchette

ръчен душ

la douche vaginale

интимен душ

la cuvette

леген

la brosse pour le dos

четка за гръб

le savon

сапун

le gel douche

душ гел

le shampooing

шампоан за вана

la débarbouillette

гъба за баня

le drain

сифон

la crème

крем

le déodorant

дезодорант

la salle de bains - баня

le miroir
огледало

le miroir à main
козметично огледало

le rasoir
ръчна самобръсначка

la mousse à raser
пяна за бръснене

l'après-rasage
одеколон за след бръснене

le peigne
гребен

la brosse
четка

le sèche-cheveux
сешоар

la laque
спрей за коса

le maquillage
грим

le rouge à lèvres
червило

le vernis à ongles
лак за нокти

l'ouate
памук

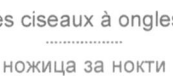
les ciseaux à ongles
ножица за нокти

le parfum
парфюм

la salle de bains - баня

la trousse de toilette
тоалетна чантичка

le tabouret
табуретка

le pèse-personne
везна

le peignoir
хавлия

les gants de caoutchouc
домакински ръкавици

le tampon
тампон

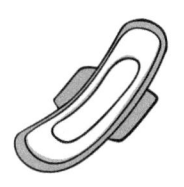
les serviettes hygiéniques
дамски превръзки

la toilette chimique
химическа тоалетна

la salle de bains - баня

la chambre d'enfant

детска стая

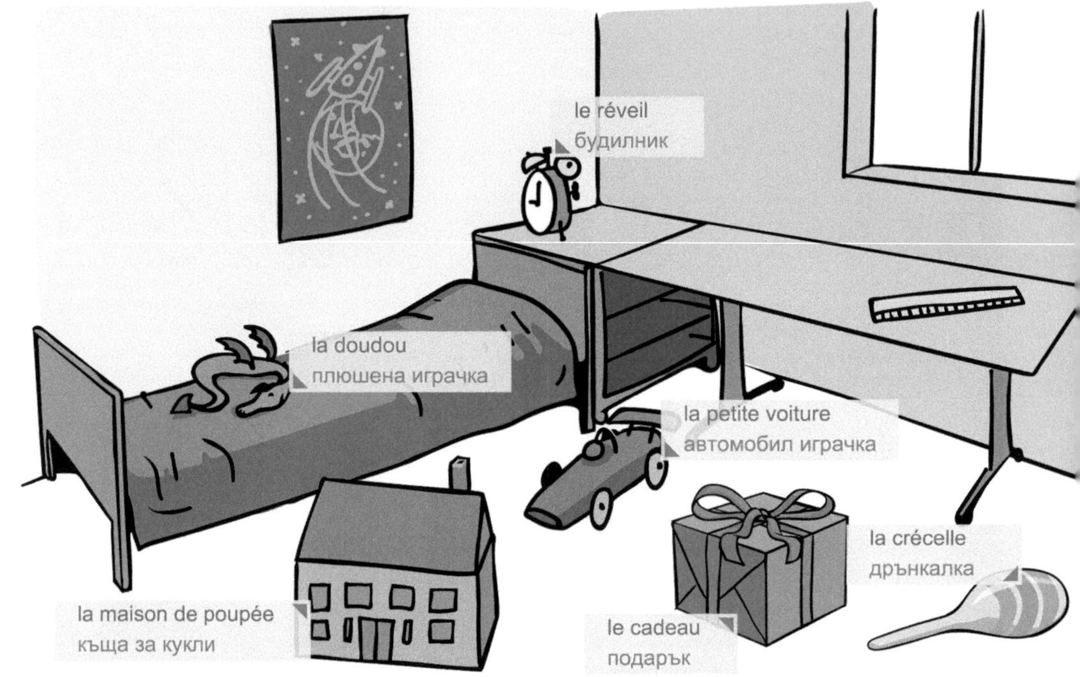

le réveil
будилник
la doudou
плюшена играчка
la petite voiture
автомобил играчка
la crécelle
дрънкалка
la maison de poupée
къща за кукли
le cadeau
подарък

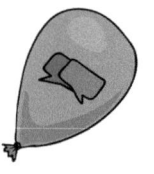

le ballon

балон

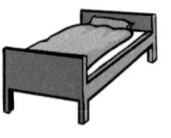

le lit

легло

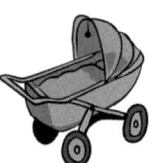

le landau

детска количка

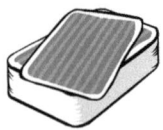

le jeu de cartes

игра на карти

le casse-tête

пъзел

SUPER
MEGA

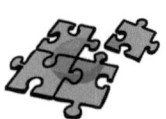

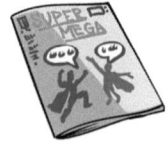

la bande dessinée

комикс

les blocs LEGO

лего елементи

le jeu de briques

строителни елементи

la figurine articulée

екшън фигурка

la dormeuse

бебешки гащеризон

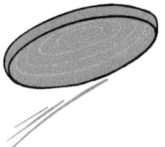

le disque volant

фрисби

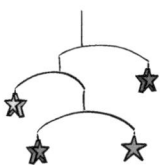

le mobile

бебешки играчки за легло

le jeu de société

настолна игра

le dé

зарче

l'ensemble de modèles de train

миниатюрно влакче

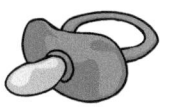

le mannequin

биберон

la fête

парти

le livre d'images

детска книга с илюстрации

la balle

топка

la poupée

кукла

jouer

играя

la chambre d'enfant - детска стая

le bac à sable
пясъчник

la balançoire
люлка

les jouets
играчка

la console de jeu vidéo
игрова конзола

le tricycle
велосипед с три колелета

l'ours en peluche
плюшено мече

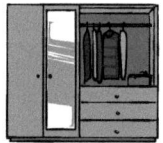
la garde-robe
гардероб

les vêtements
облекло

les chaussettes
къси чорапи

les bas
дълги чорапи

le collant
чорапогащник

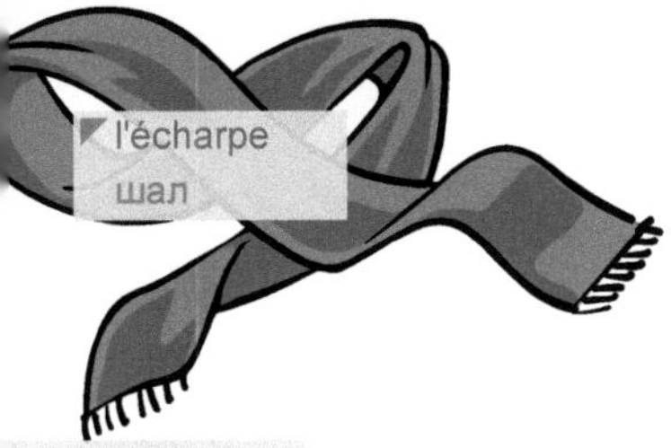

l'écharpe
шал

le parapluie
чадър

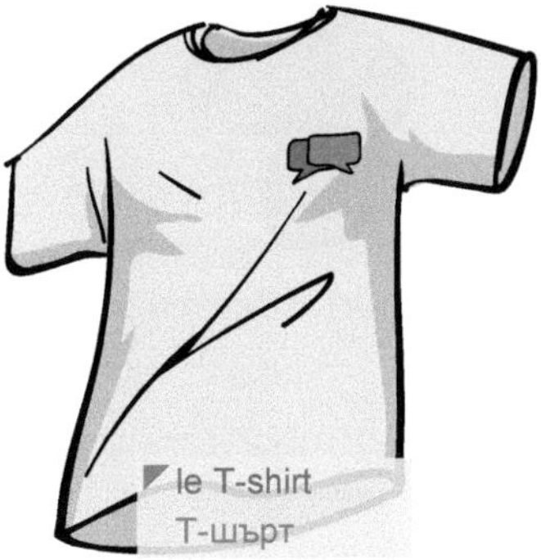

le T-shirt
Т-шърт

la ceinture
колан

les bottes
ботуши

les pantoufles
пантофи

les chaussures de sport
гуменки

les sandales
сандали

les souliers
обувки

les bottes de caoutchouc
гумени ботуши

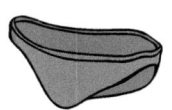

les sous-vêtements
слип

le soutien-gorge
сутиен

le gilet
долна блуза

les vêtements - облекло

le body
боди

le pantalon
панталон

le jean
дънки

la jupe
пола

le chemisier
блуза

la chemise
риза

le chandail
пуловер

le chandail à capuche
суичър

le blazer
блейзър

la veste
яке

le manteau
палто

le manteau de pluie
дъждобран

le complet
костюм

la robe
рокля

la robe de mariée
булчинска рокля

 **le tailleur** костюм	 **la chemise de nuit** нощница	 **le pyjama** пижама
 **le sari** сари	 **le foulard** кърпа за глава	 **le turban** тюрбан
 **la burqa** бурка	 **le cafetan** кафтан	 **l'abaya** абая
 **le maillot de bain**ански костюм	 **le maillot short** плувни шорти	 **la culotte courte** къс панталон
 **le survêtement** анцуг	 **le tablier** престилка	 **les mitaines** ръкавици

les vêtements - облекло

le bouton
копче

les lunettes
очила

le bracelet
гривна

le collier
верижка

la bague
пръстен

la boucle d'oreille
обеца

la tuque
каскет

le cintre
закачалка

le chapeau
шапка

la cravate
вратовръзка

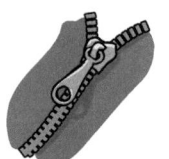

la fermeture à glissière
цип

le casque
каска

les bretelles
тиранти

l'uniforme scolaire
ученическа униформа

l'uniforme
униформа

les vêtements - облекло

le bavoir
лигавник

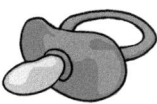
le mannequin
биберон

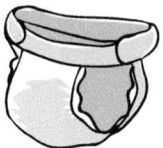
la couche
пелена

le bureau
офис

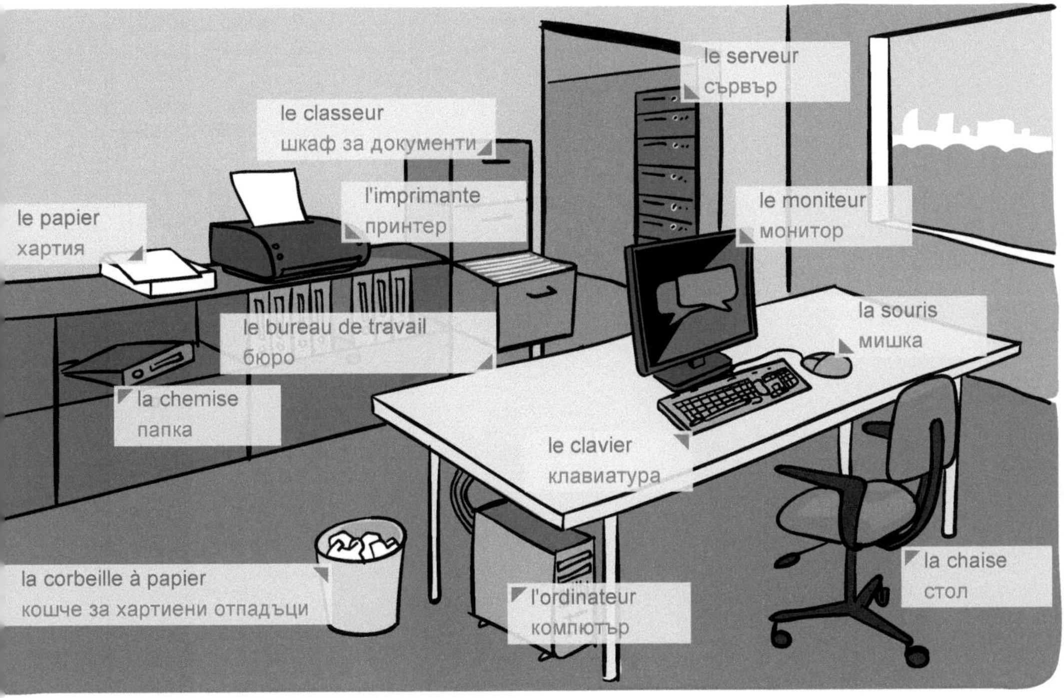

- le serveur — сървър
- le classeur — шкаф за документи
- l'imprimante — принтер
- le moniteur — монитор
- le papier — хартия
- la souris — мишка
- le bureau de travail — бюро
- la chemise — папка
- le clavier — клавиатура
- la corbeille à papier — кошче за хартиени отпадъци
- l'ordinateur — компютър
- la chaise — стол

la grande tasse à café
чаша за кафе

la calculatrice
джобен калкулатор

l'Internet
интернет

le bureau - офис

49

l'ordinateur portable

лаптоп

la lettre

писмо

le message

съобщение

le téléphone cellulaire

мобилен телефон

le réseau

мрежа

le photocopieur

ксерокс

le logiciel

софтуер

le téléphone

телефон

la prise de courant

контакт

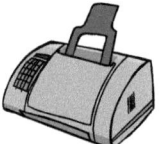

le télécopieur

факс

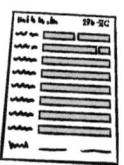

le formulaire

формуляр

le document

документ

le bureau - офис

l'économie
икономика

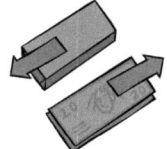
acheter
купувам

payer
плащам

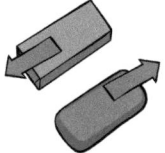
commercer
търгувам

l'argent
пари

le dollar
долар

l'euro
евро

le yen
йена

le rouble
рубла

le franc suisse
швейцарски франк

le renminbi yuan
ренминби юан

la roupie
рупия

le distributeur de billets
банкомат

le bureau de change

обменно бюро

l'or

злато

l'argent

сребро

le pétrole

нефт

l'énergie

енергия

le prix

цена

le contrat

договор

la taxe

данък

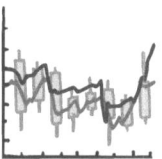

les actions

акция

travailler

работя

l'employé

служител

l'employeur

работодател

l'usine

фабрика

le magasin

магазин за цветя

les professions
професии

- l'agent de police — полицай
- le pompier — пожарникар
- le pilote — пилот
- le docteur — лекар
- le cuisinier — готвач

le jardinier
градинар

le charpentier
мебелист

le couturier
шивачка

le juge
съдия

le pharmacien
химик

l'acteur
артист

les professions - професии

le chauffeur d'autobus
шофьор на автобус

le chauffeur de taxi
шофьор на такси

le pêcheur
рибар

la femme de ménage
чистачка

le couvreur
майстор на покриви

le serveur
келнер

le chasseur
ловец

le peintre
художник

le boulanger
хлебар

l'électricien
електротехник

le constructeur de bâtiments
строителен работник

l'ingénieur
инженер

le boucher
касапин

le plombier
тенекеджия

le facteur
пощальон

les professions - професии

le soldat
войник

l'architecte
архитект

le caissier
касиер

le fleuriste
цветар

le coiffeur
фризьор

le chef de train
кондуктор

le mécanicien
механик

le capitaine
капитан

le dentiste
зъболекар

le scientifique
научен работник

le rabbin
равин

l'imam
имàм

le moine
монах

l'ecclésiastique
свещеник

les professions - професии

les outils
инструменти

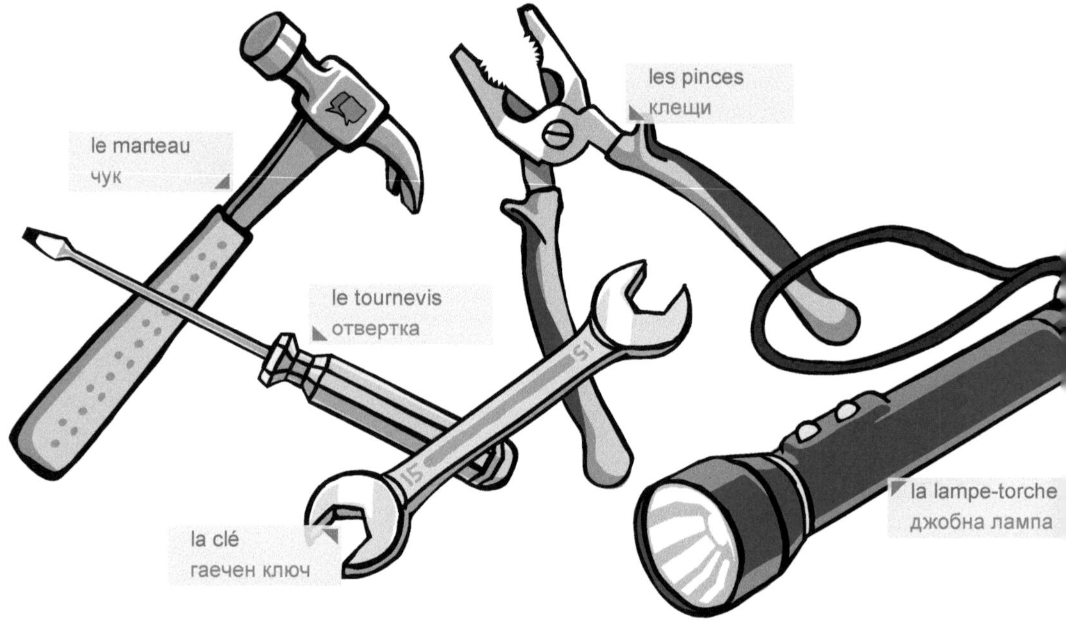

le marteau
чук

les pinces
клещи

le tournevis
отвертка

la clé
гаечен ключ

la lampe-torche
джобна лампа

l'excavatrice
багер

la boîte à outils
кутия за инструменти

l'échelle
стълба

la scie
трион

les clous
пирони

la perceuse
бормашина

réparer
ремонтирам

la pelle
лопата

Tabarnouche !
По дяволите!

la pelle à poussière
лопатка за смет

le pot de peinture
кутия за боя

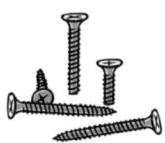
les vis
болтове

les instruments de musique
музикални инструменти

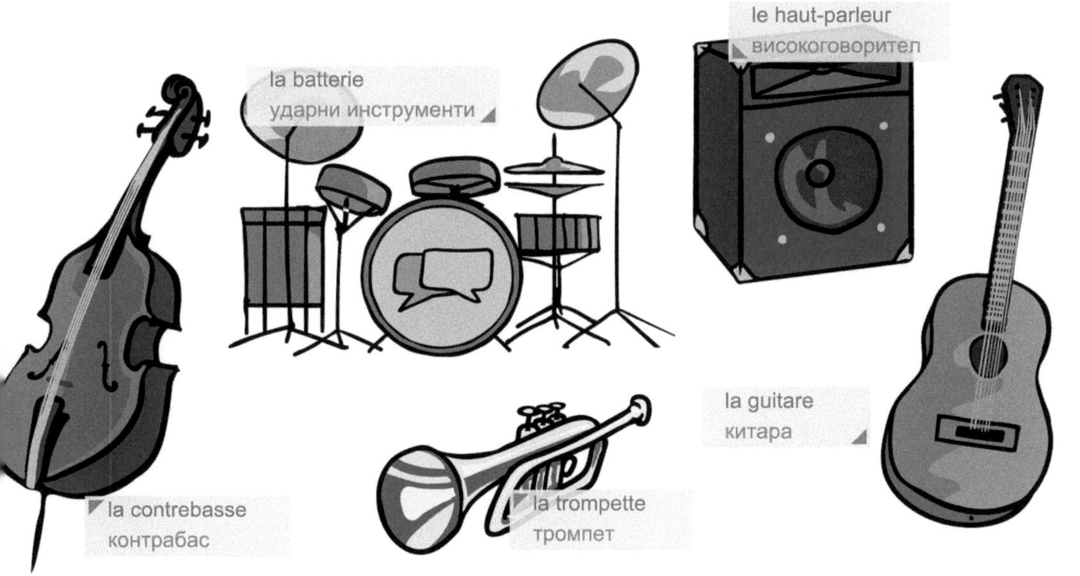

- la batterie — ударни инструменти
- le haut-parleur — високоговорител
- la contrebasse — контрабас
- la trompette — тромпет
- la guitare — китара

le piano

пиано

le violon

виолина

la basse

контрабас

les timbales

тимпан

le tambour

барабан

le synthétiseur

електрическо пиано

le saxophone

саксофон

la flûte

флейта

le microphone

микрофон

les instruments de musique - музикални инструменти

le zoo
зоологическа градина

- le tigre / тигър
- la cage / бръмбар
- le zèbre / зебра
- la nourriture pour animaux / храна за животни
- l'entrée / вход
- le panda / панда

les animaux

животни

l'éléphant

слон

le kangourou

кенгуру

le rhinocéros

носорог

le gorille

горила

l'ours

мечка

le chameau
камила

l'autruche
щраус

le lion
лъв

le singe
маймуна

le flamand rose
фламинго

le perroquet
папагал

l'ours polaire
бяла мечка

le pingouin
пингвин

le requin
акула

le paon
паун

le serpent
змия

le crocodile
крокодил

le gardien de zoo
пазач в зоологическа градина

le phoque
тюлен

le jaguar
ягуар

le zoo - зоологическа градина

le poney

пони

le léopard

леопард

l'hippopotame

хипопотам

la girafe

жираф

l'aigle

орел

le sanglier

диво прасе

le poisson

риба

la tortue

костенурка

le morse

морж

le renard

лисица

la gazelle

газела

les sports
спорт

les activités
дейности

sauter / скачам

serrer dans les bras / прегръщам

rire / смея се

marcher / вървя

chanter / пея

prier / моля се

embrasser / целувам

rêver / сънувам

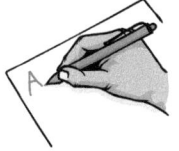

écrire

пиша

dessiner

рисувам

montrer

показвам

pousser

бутам

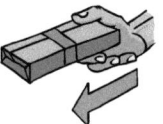

donner

давам

prendre

взимам

avoir
имам

faire
правя

être
съм

être debout
стоя

courir
тичам

tirer
дърпам

jeter
хвърлям

tomber
падам

s'allonger
лежа

attendre
чакам

porter
нося

s'asseoir
седя

s'habiller
обличам

dormir
спя

se réveiller
събуждам се

les activités - дейности

regarder
разглеждам

pleurer
плача

caresser
милвам

peigner
реша се

parler
говоря

comprendre
разбирам

demander
питам

écouter
слушам

boire
пия

manger
ям

ranger
разтребвам

aimer
обичам

cuisiner
готвя

conduire
карам автомобил

voler
летя

les activités - дейности

faire de la voile
плавам (с платна)

calculer
смятане

lire
чета

apprendre
уча

travailler
работя

se marier
женя се

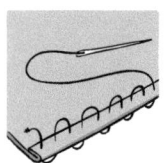
coudre
шия

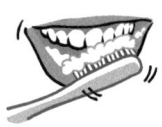
brosser les dents
измивам си зъбите

tuer
убивам

fumer
пуша

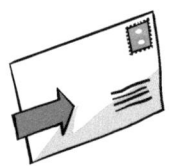
envoyer
изпращам

les activités - дейности

la famille
семейство

la grand-mère — аба
le grand-père — дядо
le père — баща
la mère — майка
le bébé — бебе
la fille — дъщеря
le fils — син

l'invité

посетител

la tante

леля

l'oncle

чичо

le frère

брат

la sœur

сестра

la famille - семейство

le corps
тяло

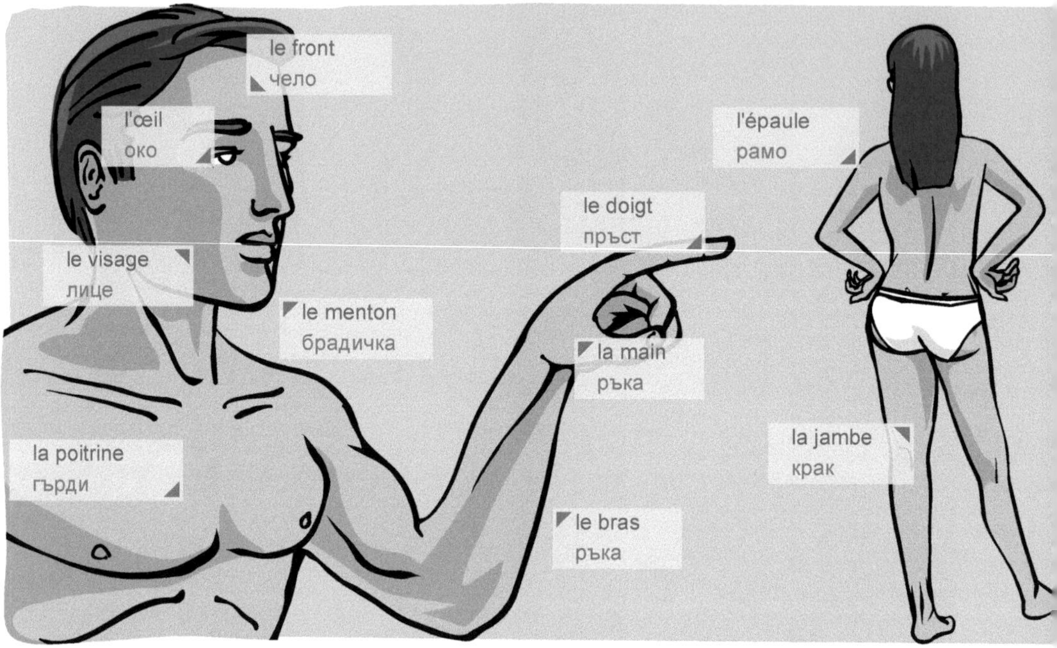

- le front — чело
- l'œil — око
- le visage — лице
- le menton — брадичка
- la poitrine — гърди
- l'épaule — рамо
- le doigt — пръст
- la main — ръка
- le bras — ръка
- la jambe — крак

le bébé
бебе

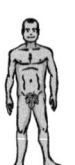

l'homme
мъж

la femme
жена

la fille
момиче

le garçon
момче

la tête
глава

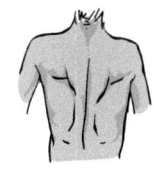

le dos

гръб

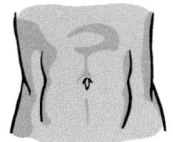

le ventre

корем

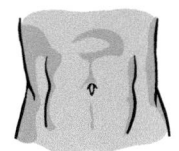

le nombril

пъп

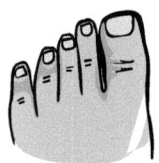

l'orteil

пръст на крака

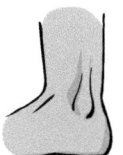

le talon

пета

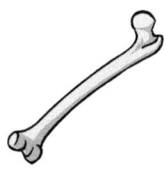

l'os

кост

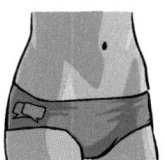

la hanche

хълбок

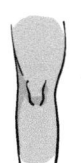

le genou

коляно

le coude

лакът

le nez

нос

le derrière

седалище

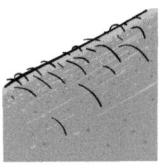

la peau

кожа

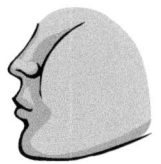

la joue

буза

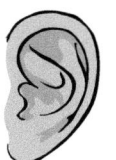

l'oreille

ухо

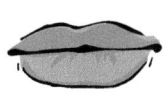

la lèvre

устна

le corps - тяло

la bouche
уста

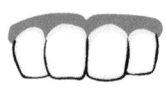

la dent
зъб

la langue
език

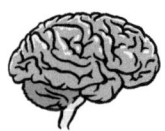

le cerveau
мозък

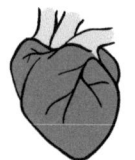

le cœur
сърце

le muscle
мускул

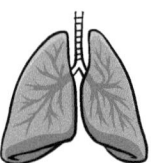

les poumons
бял дроб

le foie
черен дроб

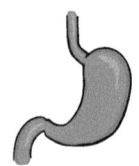

l'estomac
стомах

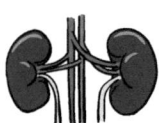

les reins
бъбреци

le rapport sexuel
полово сношение

le condom
кондом

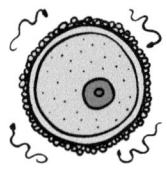

l'ovule
яйцеклетка

le sperme
сперма

la grossesse
бременност

le corps - тяло

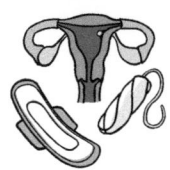

la menstruation
менструация

le vagin
вагина

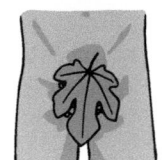

le pénis
пенис

le sourcil
вежда

les cheveux
коса

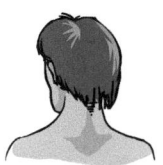

le cou
шия

le corps - тяло

l'hôpital
болница

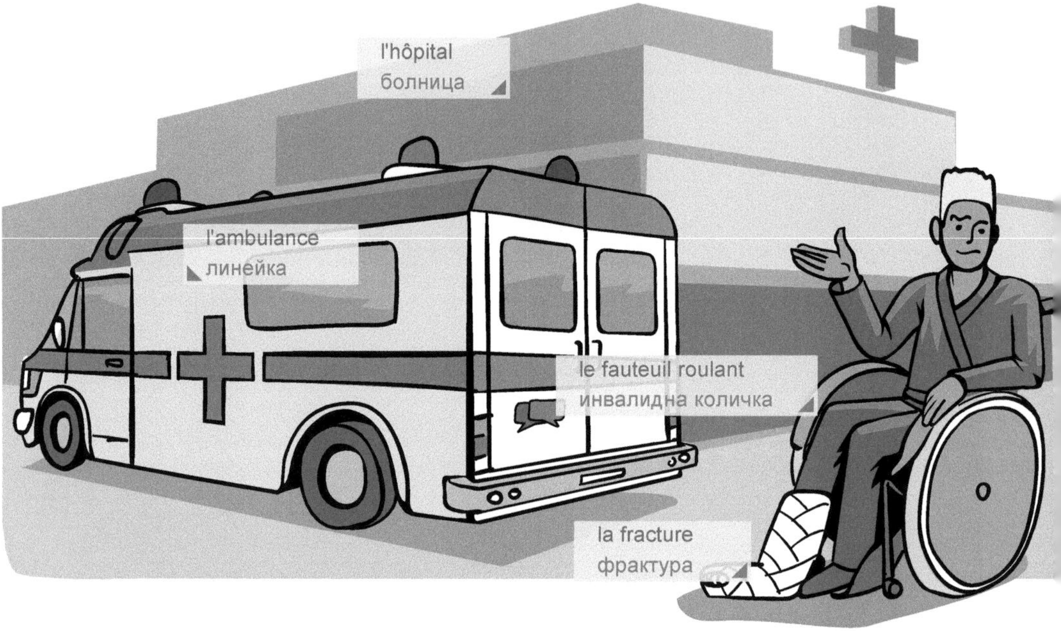

l'hôpital
болница

l'ambulance
линейка

le fauteuil roulant
инвалидна количка

la fracture
фрактура

le docteur
лекар

la salle des urgences
спешна хоспитализация

l'infirmier
медицинска сестра

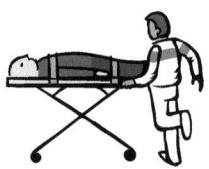

l'urgence
спешен случай

inconscient
в безсъзнание

la douleur
болка

la blessure

нараняване

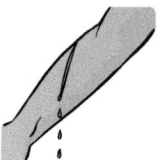

le saignement

кървене

la crise cardiaque

инфаркт

l'AVC

инсулт

l'allergie

алергия

la toux

кашлица

la fièvre

температура

la grippe

грип

la diarrhée

диария

le mal de tête

главоболие

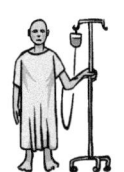

le cancer

рак

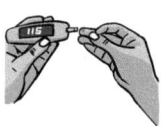

le diabète

диабет

le chirurgien

хирург

le scalpel

скалпел

l'opération

операция

l'hôpital - болница

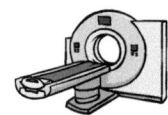
la tomodensitométrie
компютърна томография

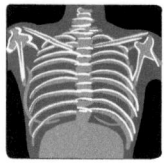
la radiographie
рентген

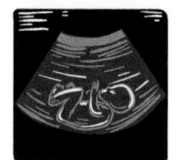
l'ultrason
ултразвук

le masque
маска

la maladie
болест

la salle d'attente
чакалня

la béquille
патерица

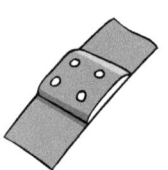
le sparadrap
пластир

le bandage
превръзка

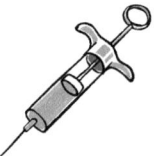
l'injection
инжекция

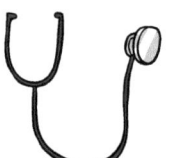
le stéthoscope
стетоскоп

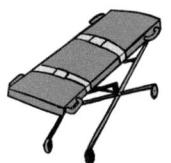
le brancard
носилка

le thermomètre médical
термометър

l'accouchement
раждане

l'excès de poids
наднормено тегло

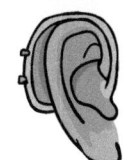
l'appareil auditif
слухов апарат

le désinfectant
дезинфекционно средство

l'infection
инфекция

le virus
вирус

le VIH/ le sida
HIV / AIDS

le médicament
медицина

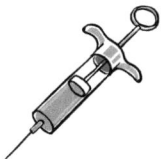
la vaccination
ваксинация

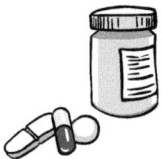
les comprimés
таблети

la pilule
противозачатъчна таблетка

l'appel d'urgence
спешно телефонно обаждане

le tensiomètre
апарат за измерване на кръвното налягане

malade / en bonne santé
болен / здрав

l'hôpital - болница

l'urgence
спешен случай

l'alarme

сигнал за тревога

l'assaut

нападение

Au secours !

Помощ!

l'attaque

атака

le danger

опасност

la sortie de secours

авариен изход

l'extincteur

пожарогасител

l'accident

злополука

Au feu!

Пожар!

la trousse de premiers soins

комплект за оказване на първа помощ

SOS

SOS

la police

полиция

la Terre
Земя

l'Europe

Европа

l'Amérique du Nord

Северна Америка

l'Amérique du Sud

Южна Америка

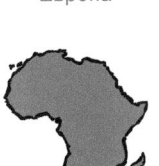

l'Afrique

Африка

l'Asie

Азия

l'Australie

Австралия

l'océan Atlantique

Атлантически океан

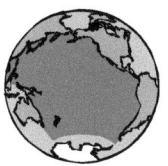

l'océan Pacifique

Тихи океан

l'océan Indien

Индийски океан

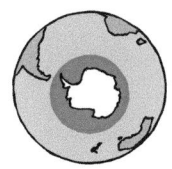

l'océan Antarctique

Южен ледовит океан

l'océan Arctique

Северен ледовит океан

le Pôle Nord

Северен полюс

le Pôle Sud

Южен полюс

l'Antarctique

Антарктида

la Terre

Земя

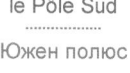

la terre

суша

la mer

море

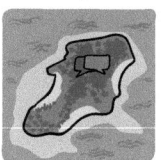

l'île

остров

la nation

нация

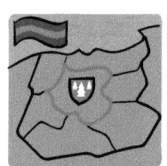

l'État

държава

l'heure
часовник

le cadran
циферблат

l'aiguille des heures
стрелка на часовете

l'aiguille des minutes
стрелка на минутите

l'aiguille des secondes
стрелка на секундите

Quelle heure est-il ?
Колко е часът?

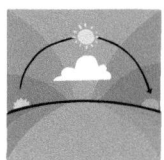
le jour
ден

le temps
време

maintenant
сега

la montre à affichage numérique
дигитален часовник

la minute
минута

l'heure
час

la semaine
седмица

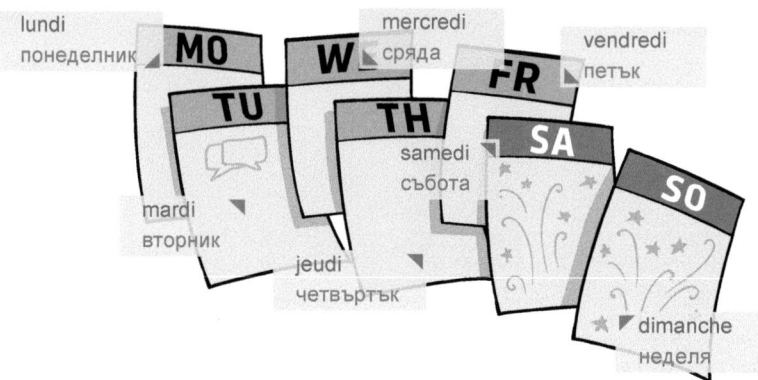

lundi / понеделник
mardi / вторник
mercredi / сряда
jeudi / четвъртък
vendredi / петък
samedi / събота
dimanche / неделя

hier
вчера

aujourd'hui
днес

demain
утре

le matin
сутрин

le midi
обед

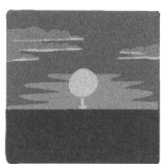

le soir
вечер

les jours ouvrables
работни дни

la fin de semaine
уикенд

l'année

година

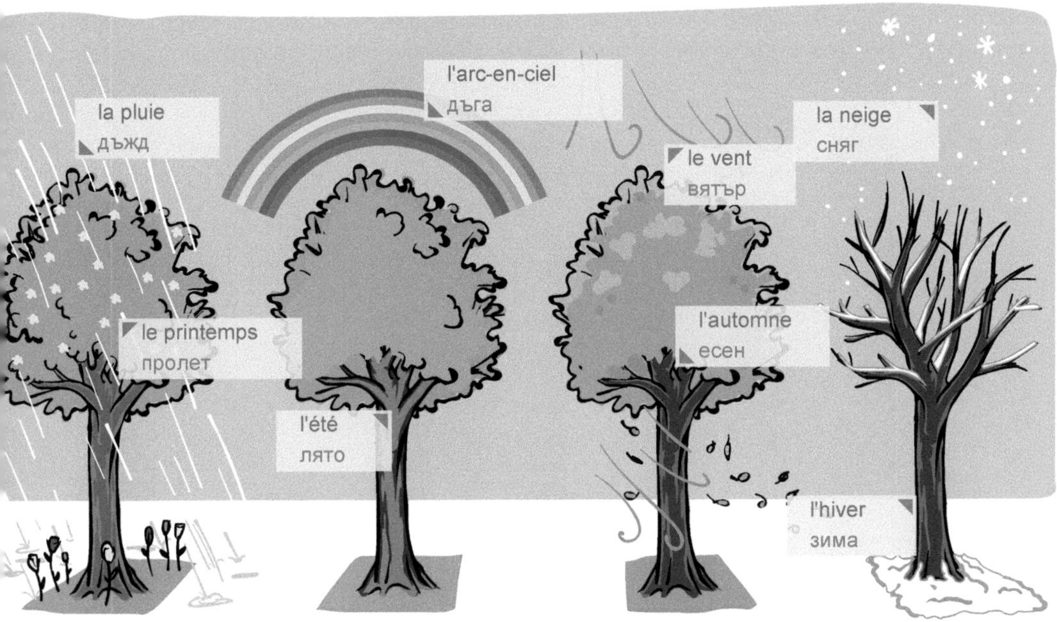

la pluie
дъжд
l'arc-en-ciel
дъга
la neige
сняг
le vent
вятър
le printemps
пролет
l'été
лято
l'automne
есен
l'hiver
зима

4.APRIL 11°
5.APRIL 4°
6.APRIL 13°
7.APRIL 8°
8.APRIL 10°

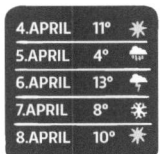

les prévisions météorologiques

прогноза за времето

F
C
120
90
60
30
0
-30
40
30
20
10
0
-10
-20

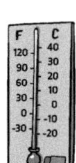

le thermomètre

термометър

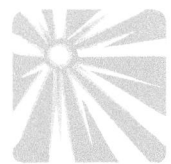

les rayons du soleil

слънчева светлина

le nuage

облак

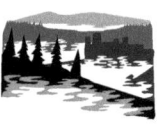

le brouillard

мъгла

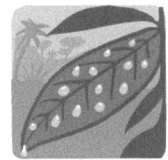

l'humidité

влажност на въздуха

la foudre

светкавица

le tonnerre

гръмотевица

la tempête

буря

la grêle

градушка

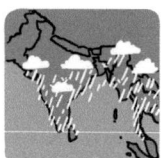

la mousson

мусон

l'inondation

наводнение

la glace

лед

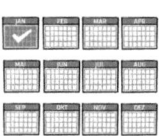

janvier

януари

février

февруари

mars

март

avril

април

mai

май

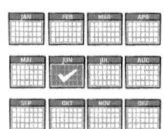

juin

юни

juillet

юли

août

август

l'année - година

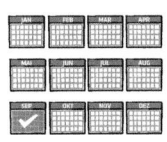
septembre
септември

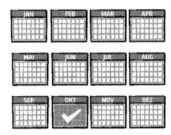
octobre
октомври

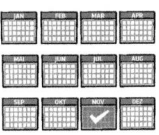
novembre
ноември

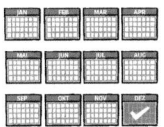
décembre
декември

les formes
форми

le cercle
кръг

le carré
квадрат

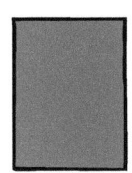
le rectangle
четириъгълник

le triangle
триъгълник

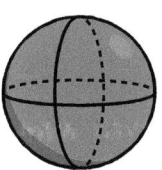
la sphère
сфера

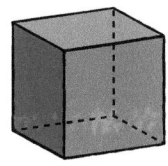
le cube
куб

les couleurs
цветове

blanc
бял

jaune
жълт

orange
оранжев

rose
розов

rouge
червен

violet
лилав

bleu
син

vert
зелен

marron
кафяв

gris
сив

noir
черен

les opposés
противоположности

beaucoup / un peu

много / малко

en colère / calme

ядосан / спокоен

beau / laid

красив / грозен

le début / la fin

начало / край

grand / petit

голям / малък

lumineux / sombre

светъл / тъмен

le frère / la sœur

брат / сестра

propre / sale

чист / мръсен

complet / incomplet

пълен / непълен

le jour / la nuit

ден / нощ

mort / vivant

мъртъв / жив

large / étroit

широк / тесен

comestible / non comestible

ядлив / неядлив

méchant / gentil

сърдит / любезен

être enthousiaste / s'ennuyer

развълнуван / скучаещ

gros / mince

дебел / тънък

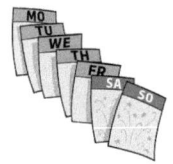

le premier / le dernier

най-напред / най-накрая

l'ami / l'ennemi

приятел / враг

plein / vide

пълен / празен

dur / mou

твърд / мек

lourd / léger

тежък / лек

faim / soif

глад / жажда

malade / en bonne santé

болен / здрав

illégal / légal

нелегален / легален

intelligent / stupide

интелигентен / глупав

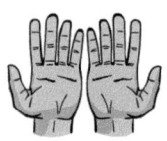

gauche / droite

ляво / дясно

proche / loin

близо / далече

les opposés - противоположности

neuf / usagé

нов / употребяван

rien / quelque chose

нищо / нещо

vieux / jeune

стар / млад

marche / arrêt

вкл. / изкл.

ouvert / fermé

отворен / затворен

calme / bruyant

тих / силен (звук)

riche / pauvre

богат / беден

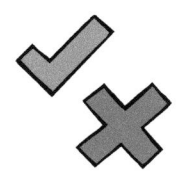

correct / incorrect

правилен / погрешен

rugueux / lisse

грапав / гладък

triste / heureux

тъжен / щастлив

court / long

дълъг / къс

lent / rapide

бавен / бърз

mouillé / sec

мокър / сух

chaud / froid

топъл / студен

la guerre / la paix

война / мир

les opposés - противоположности

les nombres
числа

0 — zéro — нула

1 — un — едно

2 — deux — две

3 — trois — три

4 — quatre — четири

5 — cinq — пет

6 — six — шест

7 — sept — седем

8 — huit — осем

9 — neuf — девет

10 — dix — десет

11 — onze — единадесет

12

douze

дванадесет

13

treize

тринадесет

14

quatorze

четиринадесет

15

quinze

петнадесет

16

seize

шестнадесет

17

dix-sept

седемнадесет

18

dix-huit

осемнадесет

19

dix-neuf

деветнадесет

20

vingt

двадесет

100

cent

сто

1.000

mille

хиляда

1.000.000

le million

милион

les nombres - числа

les langues
езици

l'anglais

английски

l'anglais américain

американски английски

le chinois mandarin

китайски мандарин

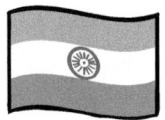

le hindi

хинди

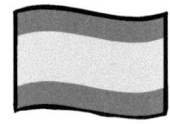

l'espagnol

испански

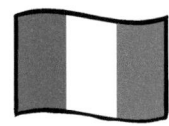

le français

френски

l'arabe

арабски

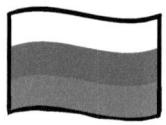

le russe

руски

le portugais

португалски

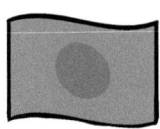

le bengali

бенгалски

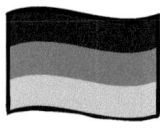

l'allemand

немски

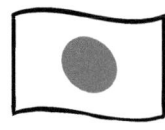

le japonais

японски

qui / quoi / comment
кой / какво / как

je
аз

tu
ти

il / elle / ce, c', cela
той / тя / то

nous
ние

vous
вие

ils / elles
те

qui ?
кой?

quoi ?
какво?

comment ?
как?

où ?
къде?

quand ?
кога?

le nom
име

où
къде

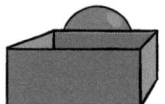

derrière

зад

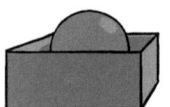

dans

в

devant

пред

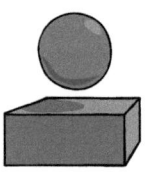

au-dessus

над

sur

върху

en dessous

под

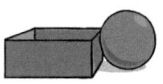

à côté de

до

entre

между

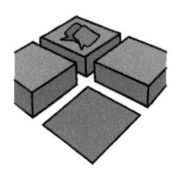

l'endroit

място